CARNET DE VOYAGE
NOUVELLE-ZÉLANDE

Cahier pour voyageurs

Nom: _____

   1

DESTINATIONS TOURISTIQUES
NOUVELLE ZÉLANDE
Ce que je veux voir absolument:

LISTE DE CE QU'IL FAUT EMPORTER

....

....

....

....

....

....

....

....

....

....

....

....

....

....

CHECK-LIST D'AVANT DÉPART

☐ Billet d'avion

☐ Renouveler son passeport

☐ Demander son Visa en ligne

☐ Demander son permis international

☐ Résilier son bail

☐ Résilier/suspendre ses abonnements

☐ Prévenir la banque de votre départ

☐ Check-up chez le médecin

☐ Déverrouiller la carte SIM du portable

☐ Souscrire une assurance santé

☐ Penser à prendre son carnet de santé

☐ Avoir des photocopies de tous les papiers importants

☐ Désinfectant

☐ Crème solaire/Lunettes de soleil

☐ Aspirine

☐ Anti diarrhétique

☐ Pastilles pour la gorge

☐ Téléphone + le chargeur

☐ Batterie/cartes mémoire de rechange

☐ Adaptateur secteur

☐ Casquette/chapeau

☐ Un carnet d'adresses et de numéros de téléphone importants

☐ Déodorant

☐ Petit miroir

☐ Shampooing/Gel douche

☐ Un peu de maquillage

☐ Brosse à dents/Dentifrice

4

J'AI RENCONTRÉ CES GENS

Nom:...
Lieu de rencontre:...................................
Téléphone:..

Nom:...
Lieu de rencontre:...................................
Téléphone:..

Nom:...
Lieu de rencontre:...................................
Téléphone:..

Nom:...
Lieu de rencontre:...................................
Téléphone:..

Nom:...
Lieu de rencontre:...................................
Téléphone:..

Nom:...
Lieu de rencontre:...................................
Téléphone:..

5

UN PEU DE NATURE NÉO-ZÉALANDAISE

Insère ici un peu de nature
(brin d'herbe, sable, coquillage,
etc...)

NOUS NE VOYAGEONS PAS PUR ÉCHAPPER À LA VIE
MAIS POUR QUE LA VIE NE NOUS ÉCHAPPE PAS

9

MUST-SEE-NOUVELLE ZÉLANDE:
Sky Tower - Auckland
(Le plus haut bâtiment de Novelle Zélande)

NOUVELLE ZÉLANDE-CHALLENGE:
Kaikoura island
(Nager avec les dauphins)

IL N'Y A D'HOMME PLUS COMPLET QUE CELUI QUI
BEAUCOUP VOYAGÉ, QUI A CHANGÉ VINGT FOIS LA
FORME DE SA PENSÉE ET DE SA VIE

15

MUST-SEE-NOUVELLE ZÉLANDE:
Waitomo Caves
(Grotte de vers luisants)

VIS PUR VOYAGER ET VOYAGE POUR VIVRE

NOUVELLE ZÉLANDE-CHALLENGE:
Promenade en bateau dans les Fjords

MUST–SEE–NOUVELLE ZÉLANDE:

Fiordland Nationalpark (Le parc national le plus grand de la Nouvelle Zélande)

23

LE MONDE EST UN LIVRE ET CEUX QUI NE VOYAGENT PAS N'EN LISENT QU'UNE PAGE

NOUVELLE ZÉLANDE-CHALLENGE:
Visiter au moins une fois l'impressionnante capitale Wellington

MUST-SEE-NOUVELLE ZÉLANDE:

Tongariro-Nationalpark
(Le plus vieux parc national
de Nouvelle Zélande)

LE PLUS BEAU VOYAGE, C'EST
CELUI QU'ON N'A PAS ENCORE FAIT

NOUVELLE ZÉLANDE-CHALLENGE:

Surtout ne rate pas le panorama du Mont Victoria.

MUST-SEE-NOUVELLE ZÉLANDE:
Fox Glacier
(Glacier de vallée)

DE TOUS LES LIVRES, CELUI QUE JE
PRÉFÈRE EST MON PASSAPORT,
UNIQUE IN OCATAVO QUI OUVRE
LES FRONTIÈRES

NOUVELLE ZÉLANDE-CHALLENGE:
Profite d'une plongée dans le magnifique paradis de la plongée Poor Knights Islands

MUST-SEE-NOUVELLE ZÉLANDE:
International Antarctic Centre

LA VÉRITÉ EXISTE AU-DELÀ DES MONTAGNES.
POUR LE TROUVER, IL FAUT VOYAGER

NOUVELLE ZÉLANDE-CHALLENGE:
Visite le parc national Arthurs Pass

MUST-SEE-NOUVELLE ZÉLANDE:
Rangitoto Island
(île volcanique)

À VAILLANT COEUR RIEN D'IMPOSSIBLE

NOUVELLE ZÉLANDE-CHALLENGE:
Vas voir les plages blanches de Coromandel

MUST-SEE-NOUVELLE ZÉLANDE:
Waitemata Harbour
(Port naturel)

DANS UNE GRANDE ÂME TOUT EST GRAND.

- BLAISE PASCAL-

NOUVELLE ZÉLANDE-CHALLENGE:
Fais un roadtrip sur le forgotten world highway

MUST-SEE-NOUVELLE ZÉLANDE:
Les Alpes Néo-zélandaises

ON NE CHANGE PAS UNE ÉQUIPE QUI GAGNE.

NOUVELLE ZÉLANDE-CHALLENGE:

Prends toi une soirée pour visiter les Hot Water Beach près de Whitanga

MUST-SEE-NOUVELLE ZÉLANDE:
Hamilton Gardens
(Jardin Botanique)

LES POINTS MARQUANTS DE MON VOYAGE
EN NOUVELLE ZÉLANDE

MA PHOTO PRÉFÉRÉE:

VOICI CE QUE J'AI APPRIS DURANT MON VOYAGE

CE QUE JE VOUDRAIS REVOIR OU AJOUTER LORS DE MON PROCHAIN VOYAGE EN NOUVELLE ZÉLANDE:

Édition : BoD – Books on Demand,
12/14 rond-point des Champs-Élysées, 75008 Paris.
Impression : BoD - Books on Demand, Norderstedt, Allemagne
ISBN: 978-2-3221-0274-7
Dépôt légal : Juin 2019

Impressum

Feddback

feedback@mertens-publication.de

1. Auflage
2018 Mertens Verlagsgruppe
Mertens Ventures Ltd.
Tefkrou Anthia No 2 Office 301
6045 Larnaca
Zypern
E-Mail: kontakt@mertens-publication.de

72